河南省地方标准

道路非开挖式地聚合物注浆加固处治技术规范

DB 41/T 1165—2015

主编单位：河南省交通运输厅公路管理局
　　　　　平顶山市公路管理局
　　　　　西安长大公路养护技术有限公司
　　　　　平顶山市佳洋路桥工程有限公司
归口部门：河南省交通运输厅公路管理局
批准部门：河南省质量技术监督局
实施日期：2016 年 03 月 01 日

图书在版编目(CIP)数据

道路非开挖式地聚合物注浆加固处治技术规范 / 河南省交通运输厅公路管理局主编. — 北京：人民交通出版社股份有限公司, 2017.1

ISBN 978-7-114-13640-5

Ⅰ.①道… Ⅱ.①河… Ⅲ.①道路工程—聚合物—注浆加固—技术规范 Ⅳ.①U416.2-65

中国版本图书馆 CIP 数据核字(2017)第 012377 号

书　　名：	道路非开挖式地聚合物注浆加固处治技术规范
著　作　者：	河南省交通运输厅公路管理局
	平顶山市公路管理局
	西安长大公路养护技术有限公司
	平顶山市佳洋路桥工程有限公司
责任编辑：	牛家鸣
出版发行：	人民交通出版社股份有限公司
地　　址：	(100011)北京市朝阳区安定门外外馆斜街 3 号
网　　址：	http://www.ccpress.com.cn
销售电话：	(010)59757973
总　经　销：	人民交通出版社股份有限公司发行部
经　　销：	各地新华书店
印　　刷：	北京市密东印刷有限公司
开　　本：	880×1230　1/16
印　　张：	1
字　　数：	24 千
版　　次：	2017 年 2 月　第 1 版
印　　次：	2017 年 2 月　第 1 次印刷
书　　号：	ISBN 978-7-114-13640-5
定　　价：	13.00 元

(有印刷、装订质量问题的图书，由本公司负责调换)

DB 41/T 1165—2015

目　次

前言 II
1 范围 1
2 规范性引用文件 1
3 术语和定义 1
4 道路病害调查与检测 1
　　4.1 一般规定 1
　　4.2 表观病害调查 2
　　4.3 结构病害检测 2
5 地聚合物注浆加固技术 2
　　5.1 一般规定 2
　　5.2 地聚合物材料种类 2
　　5.3 地聚合物混合料 2
　　5.4 注浆设备 3
　　5.5 施工工艺 3
　　5.6 地聚合物材料运输及储存要求 4
　　5.7 其他要求 5
6 质量检验标准与检验项目 5
　　6.1 质量检验标准 5
　　6.2 实测项目 5
　　6.3 外观检验 5
附件　《道路非开挖式地聚合物注浆加固处治技术规范》(DB 41/T 1165—2015) 条文说明 7

I

前　言

本标准按照GB/T 1.1—2009给出的规则起草。

本标准由河南省交通运输厅提出。

本标准由河南省交通运输厅公路管理局归口。

本标准起草单位：河南省交通运输厅公路管理局、平顶山市公路管理局、西安长大公路养护技术有限公司、平顶山市佳洋路桥工程有限公司。

本标准主要起草人：张长林、王志刚、吴超凡、杨明艳、王水、张新旺、毛翠荣。

本标准参加起草人：李强、龚钢旗、崔亚丽、宋俊伟、赵宏宇、韩劲草、余宏波、吴道新、甄敏、梁桦林、李会安、齐国立、朱黎明、马换玲、任杰、郑凯、袁遁甲、万方、林占峰、解冬、游鹏、刘英、范晓磊、徐宇翔、魏浩、陶江峰、郑龙飞、米宁、王小伟、陈海龙、贺志彬、吴黎。

道路非开挖式地聚合物注浆加固处治技术规范

1 范围

本标准规定了道路非开挖式地聚合物注浆加固技术的术语和定义、道路病害调查与检测、地聚合物注浆加固技术、质量检验标准与检验项目。

本标准适用于各等级沥青混凝土路面、水泥混凝土路面病害处治及预防性养护工程，城市及其他道路也可参照执行。

2 规范性引用文件

下列文件对于本文件的应用是必不可少的。凡是注日期的引用文件，仅注日期的版本适用于本文件。凡是不注日期的引用文件，其最新版本（包括所有的修改单）适用于本文件。

JTG E60—2008　　公路路基路面现场测试规程
JTG H10—2009　　公路养护技术规范
JTG/T F50—2011　公路桥涵施工技术规范
JTG H20—2007　　公路技术状况评定标准
JTG F80/1—2004　公路工程质量检验评定标准　第一册　土建工程
JGJ 63—2006　　 混凝土用水标准

3 术语和定义

下列术语和定义适用于本文件。

3.1
地聚合物材料　Geopolymer
由钢渣、矿渣、高钙粉煤灰、偏高岭土及碱激发剂等以一定比例混合而成的碱激发胶凝材料。

3.2
唧浆　Slurry pump
水进入路面内部浸泡基层形成灰浆，在行车荷载的挤压与泵吸作用下从面层裂缝或空隙中喷射出来。

3.3
沉陷　Depression
由于路基的竖向变形而导致路面下沉的现象。

3.4
脱空　Void
表征道路结构层间不连续的病害形式。

4 道路病害调查与检测

4.1 一般规定

道路病害调查与检测包括表观病害调查与结构病害检测，可准确判定道路结构内病害位置与深度,指导注浆处治。

4.2 表观病害调查

4.2.1 水泥路面表观病害调查包括:破碎板、裂缝、错台、唧浆、脱空等病害。
4.2.2 沥青路面表观病害调查包括:裂缝、网裂、唧浆、沉陷等病害。
4.2.3 按照JTG H10—2009与JTG H20—2007的要求,应人工调查道路表观病害,统计分析病害种类、位置、范围等。

4.3 结构病害检测

4.3.1 路面弯沉检测

4.3.1.1 路面弯沉检测的目的是判断道路结构承载能力。
4.3.1.2 按照JTG H10—2009与JTG E60—2008的要求,采用落锤式弯沉仪(FWD)或贝克曼梁进行路面弯沉检测。
4.3.1.3 沥青混凝土路面弯沉检测时,弯沉测点沿车道左右轮迹带布置,每20m检测一点。
4.3.1.4 水泥混凝土路面弯沉检测需检测板边、板角及板中弯沉值。
4.3.1.5 分别统计分析路面病害路段弯沉代表值与无病害路段弯沉代表值,水泥混凝土路面要同时统计分析板间弯沉差和板内弯沉值,判定路面结构层承载力不足位置。

4.3.2 探地雷达检测

4.3.2.1 采用探地雷达检测需查明结构层层间脱空、松散和路床病害深度,为注浆位置的选择与控制注浆深度提供依据。
4.3.2.2 沥青混凝土路面探地雷达检测步骤:①每个车道检测三条纵向测线,测线布置在左右侧轮迹带及车道中线。②分析雷达检测图像,绘制病害分布图。③采用钻孔取芯、挖探坑等方式进行对比验证。

5 地聚合物注浆加固技术

5.1 一般规定

针对道路表观病害位置,结合路面结构病害检测结果,分别统计无病害路段实测弯沉代表值和有病害路段实测弯沉代表值,确定注浆加固后道路设计弯沉值,设计注浆钻孔孔位平面布置图,选择地聚合物混合料配合比,制订施工组织计划,进行地聚合物注浆加固施工。

5.2 地聚合物材料种类

按凝固时间和早期强度的不同,可将地聚合物材料分为普通型和快凝早强型两种。

5.3 地聚合物混合料

地聚合物混合料由地聚合物材料及水组成,其配合比为:地聚合物:水 = 1:0.3 ~ 0.34(重量比)。拌和水应符合JGJ 63—2006的规定,不得采用pH值小于6.5的酸性水和工业废水。

地聚合物混合料主要技术指标见表1,按照JTG/T F50—2011进行检测。

表1 地聚合物混合料主要技术指标

类型	流动度(s)	初凝时间(h)	终凝时间(h)	泌水率(%)	自由膨胀率(%)		抗压强度(MPa)		抗折强度(MPa)	
					3h	24h	3d	28d	3d	28d
普通型	≤20.0	≥5.0	≤12.0	≤0.20	0~2	0~3	≥40.0	≥45.0	≥5.0	≥6.0
快凝型	≤20.0	≥3.0	≤4.0	≤0.20	0~2	0~3	≥50.0	≥60.0	≥10.0	≥12.0

5.4 注浆设备

地聚合物注浆设备包括注浆泵、发电机组、搅拌桶、高压清洗机、水箱、钻机、除尘设备及控制系统。

5.5 施工工艺

5.5.1 施工工艺流程

道路地聚合物注浆施工工艺流程见图1。

图1 施工工艺流程

5.5.2 施工要求

5.5.2.1 施工前应熟悉设计图纸，做好地下管线测设、标记及障碍物的清理、移位等工作。

5.5.2.2 按照病害检测结果及设计文件划分施工区域，在施工区域按照设计注浆钻孔孔位布置图现场放样，确定钻孔孔位并用自喷漆标记位置，标注钻孔深度，对钻孔施工人员进行技术交底。

5.5.2.3 沥青混凝土路面横向裂缝处布孔形式采用"之"字形或梅花桩形，纵向裂缝主要布设在轮迹带处，沿裂缝每1m~1.5m布设一个注浆孔；网裂、沉陷区域采用梅花桩形式布孔；注浆孔布孔形式见图2。水泥混凝土路面注浆加固采用梅花桩形式布孔，在四个板角处距相邻接缝50cm位置布设注浆孔，板块中央布设排气孔，注浆孔布孔形式见图3。

3

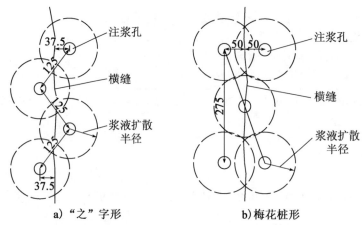

a)"之"字形　　　　b)梅花桩形

图2 沥青混凝土路面注浆孔布孔形式(尺寸单位:cm)

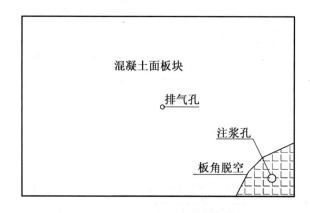

图3 水泥混凝土路面注浆孔布孔形式

5.5.2.4 钻孔时要保持钻机与路面垂直,避免左右晃动;钻杆钻到设计深度后应将钻杆上下抽动几次,将钻孔内的废渣粉末排出,移至下一孔位重复钻孔施工程序。为防止钻孔深度不足或过深,在钻杆上设置钻孔深度位置标记,钻孔完成后对孔深进行检查,深度不够的进行二次加深,达到设计孔深。

5.5.2.5 钻孔时应及时用清扫工具将孔周围钻杆带出的粉末清扫干净,采用专用容器盛装钻渣粉末,施工完毕后集中处理。

5.5.2.6 严格按照配合比配制地聚合物注浆混合料,搅拌均匀,防止结块、沉淀、离析。

5.5.2.7 注浆时应先启动注浆设备,调整压力进行注浆。出现下列情况之一时,必须立即停止注浆:①注浆压力超过设计注浆压力;②注浆设备活塞停止15s以上;③路面出现抬升。

5.5.2.8 注浆头拔出时需用容器盛接防止浆液洒落路面,快速用塞子封闭注浆孔,将洒溢在路面的浆液用布擦洗干净。单个施工区域注浆完毕,用高压水对路面进行刷洗,同时用吸水布围挡吸收废液,对废液进行收集盛装,集中处理。严格执行 JTG H10—2009 标准中有关环境保护的要求。

5.5.2.9 地聚合物注浆施工结束后对施工区域进行封闭养护,养护时间需满足注浆材料的终凝时间,养护结束后方可开放交通。

5.5.2.10 养护结束后进行路面弯沉检测,对未达到设计要求的点位再次进行注浆补强。

5.6 地聚合物材料运输及储存要求

5.6.1 运输及储存时不得受潮和混入杂物,不同类型材料应分别储运。

5.6.2 仓库应注意防潮、防雨水渗漏。

5.6.3 材料的储存应按照到货先后依次堆放,尽量做到先存先用。

5.6.4 储存期不宜过长,以免受潮而降低性能,储存期不宜超过3个月。

5.7 其他要求

5.7.1 地聚合物注浆混合料通过注浆管注入道路结构层层间病害区域，排出路面结构层内的水和空气，填充路面空洞、黏结松散的材料，并激活泥浆等松散材料内部的惰性材料，形成一个固结体，达到路面结构加固补强效果。

5.7.2 地聚合物材料进场后，应核对工厂名称、品种型号、包装日期和生产许可证号，每批次应附产品质量保证书及自检报告。

5.7.3 施工前应复核地聚合物注浆混合料的配合比试验报告，施工时按批次对地聚合物注浆材料进行检测。

5.7.4 施工班组应按照钻孔孔位布置图，逐孔填写钻孔施工记录表，标明注浆孔编号、位置、深度及拔管封孔情况。

5.7.5 施工班组应填写注浆施工记录表，内容包括施工日期、注浆混合料拌和情况、注浆孔编号、注浆压力、注浆次数和地聚合物注浆混合料的注入量。

5.7.6 施工区域须封闭养护，加强养护检查。

5.7.7 当施工环境连续5天平均气温低于5℃时，应停止施工作业。

6 质量检验标准与检验项目

6.1 质量检验标准

病害路段地聚合物注浆处治后，路面的弯沉值应符合设计要求；水泥混凝土路面注浆处治后，板间弯沉差不大于0.06mm。

6.2 实测项目

非开挖式地聚合物注浆加固施工质量检验实测项目应符合表2的规定。

表2 质量检验实测项目

序号	检查项目	规定值或允许偏差	检验频率	检验方法
1	注浆材料强度(MPa)	符合设计要求	每工作班不少于2组	取样，室内检验
2	注浆孔(个)	符合设计要求	抽检30%	现场检查
3	钻孔深度(mm)	+100,0	抽检10%	钻孔施工时量测
4	弯沉值(0.01mm)	符合设计要求	每车道20m布置1个测点	按JTG F80/1—2004的附录I检查

6.3 外观检验

6.3.1 注浆孔应与路面平齐，无突起、凹陷。

6.3.2 注浆施工后路面应清洁干净、美观，无污染。

附件

《道路非开挖式地聚合物注浆加固处治技术规范》

(DB 41/T 1165—2015)

条 文 说 明

1 范围

从道路早期病害调查情况来看，层间脱空和层间不黏结或黏结力小是造成路面早期损坏的重要原因之一。因此，对道路进行早期预防性养护，必须填充层间脱空和加固层间黏结，提高道路整体承载能力。

目前旧路面出现开裂、沉陷、坑槽等病害后，局部位置通常采用开挖式修复方式，即全部挖除面层和基层，对路基进行处治修复后新建路面，或者对面层和基层就地再生或现场再生后直接加铺路面结构层，旧路路面病害难以彻底处治，造成养护或改造工程的工程量大、维修费用高、修复时间长，对交通影响大，未能达到经济、环保、耐久的处治目的。

非开挖式地聚合物注浆加固技术无需破坏旧路面结构，可以通过无损检测确定病害位置、深度，有针对性地对道路病害进行处治，大大减少后期路面的损坏，延长道路使用寿命，降低维修费用，具有重要的社会和经济意义。

3 术语和定义

3.1 地聚合物材料 Geopolymer

地聚合物最早是由法国科学家 Joseph Davidovits 于1985年提出并应用。地聚合物注浆材料主要是利用工业废渣矿物活性成分等材料，通过碱激发剂形成胶凝体结构的无机高性能高分子胶结材料。

地聚合物材料具有自硬性好、黏结力强的特点。其合成组分性能要求见附表1。

附表1 地聚合物材料合成组分性能要求

组 分 名 称	性 能 要 求
钢渣	MFe≤2%，f–Cao≤5%，经筛分后颗粒粒径规格为 0~5μm、5~20μm，烧失量≤8.0%
矿渣	含水率≤1.0%，SO_3≤4.0%，烧失量≤3.0%，细度≤2.0%
高钙粉煤灰	由褐煤或次烟煤燃烧而成，CaO含量在10%以上的粉煤灰，细度≤20%，烧失量≤3%
高岭土	SiO_2≤46.5%，Al_2O_3≥35.5%，Fe_2O_3≤0.75%，TiO_2<1%，烧失量≤18.5%
碱激发剂	选用环保型材料，严禁选用强碱性材料

4 道路病害调查与检测

4.2 表观病害调查

路面产生网裂、沉陷、唧浆等病害时，通常是由结构内病害引起，进行表观病害调查，旨在初步判断路面结构内病害的平面位置。

4.3 结构病害检测

4.3.1.3 路面表观病害处可适当加密。

4.3.1.4 由于不同道路其水文地质、道路结构层设计、施工质量等情况存在较大差异，致使其工后道路路面弯沉值差异很大，所以在判定路面结构层承载力不足位置处所对应的路面弯沉值时，需要依据同一路段中无病害处路面实测弯沉值及弯沉代表值统计分析得到，这样的判定标准才具科学性、针对性。

4.3.2.2 雷达测线时,可根据路面实测弯沉值和路面破损等实际情况,对局部路段加密布设纵线1条~2条,对于特殊路段可按3m~5m间距布设横向测线。探地雷达检测结果需通过钻孔取芯、挖探坑等方式进行对比验证。

5 地聚合物注浆加固技术

5.2 地聚合物材料种类

普通型地聚合物适合加固交通量一般、重载交通比例不大的国省道公路;快凝早强型地聚合物适合加固高速公路、交通量大或重载交通比例较大的国省道公路与市政道路。

5.3 地聚合物混合料

拌和用水量根据施工现场温度调整,气温高于25℃时,用水量取上限;气温低于10℃时,用水量取下限。

5.4 注浆设备

注浆设备主要参数可参考附表2,钻机设备主要参数可参考附表3。

附表2 注浆设备主要参数

组件名称	项目	参数
注浆泵	最大注浆压力	6MPa~10MPa
	最大流量	100L/min~200L/min
发电机组	额定电压	300V~500V
	额定功率	50Hz
	额定电流	55A~60A
搅拌桶	容积	400L~600L
	转速	60r/min~100r/min
高压清洗机	最大压力	6MPa~10MPa
	额定转速	2 500r/min~3 500r/min
水箱	容积	5m³~8m³

附表3 钻机设备主要参数

项目	参数
电功率	1.5kW~2kW
钻头	$\phi 16mm, L \geq 150mm$
	$\phi 22mm, L \geq 150mm$

5.5 施工工艺

5.5.2.3 布孔间距根据现场结构层脱空程度、松散具体情况等进行微调。水泥混凝土板块通常情况下采用梅花桩形式布孔,中间为排气孔。

5.5.2.7 启动注浆设备,调整压力并进行试注观测;水泥混凝土路面压力控制在1.5MPa以内,沥青混凝土路面控制在0.8MPa以内。

5.5.2.9 普通型地聚合物注浆材料封闭养生时间不得少于12h;快凝早强型地聚合物注浆材料封闭养生时间不得少于4h。

5.6 地聚合物材料运输及储存要求

5.6.2 存放袋装材料时,地面垫板要离地>300mm,四周离墙>300mm;袋装材料堆垛不宜太高,以免下部材料受压结硬,一般以10袋为宜;如果存放期短、库房紧张,也不宜超过15袋。

5.7 其他要求

5.7.2 地聚合物材料的批次检测频率可按照水泥材料检验频率,袋装200t为一个检验批次,散装500t为一个检验批次。

6 质量检验标准与检验项目

6.1 质量检验标准

沥青路面病害处地聚合物注浆处治后,弯沉值达到无病害处路面弯沉值的1.2倍以内。该控制标准是由大量实体工程施工应用总结而来,具有一定的通用性。